Land Hütte Malbuch

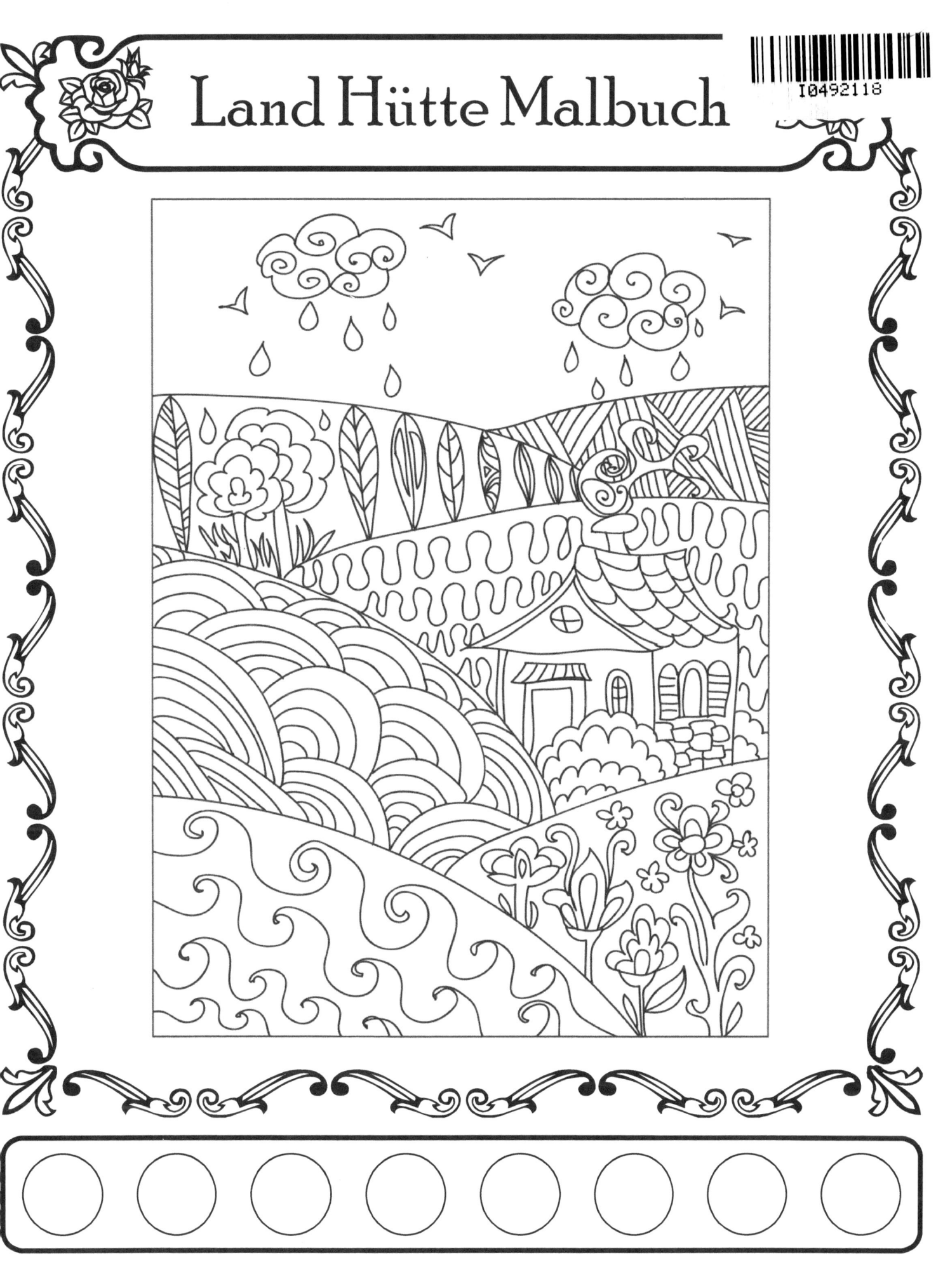

Land Hütte Malbuch

Land Hütte Malbuch

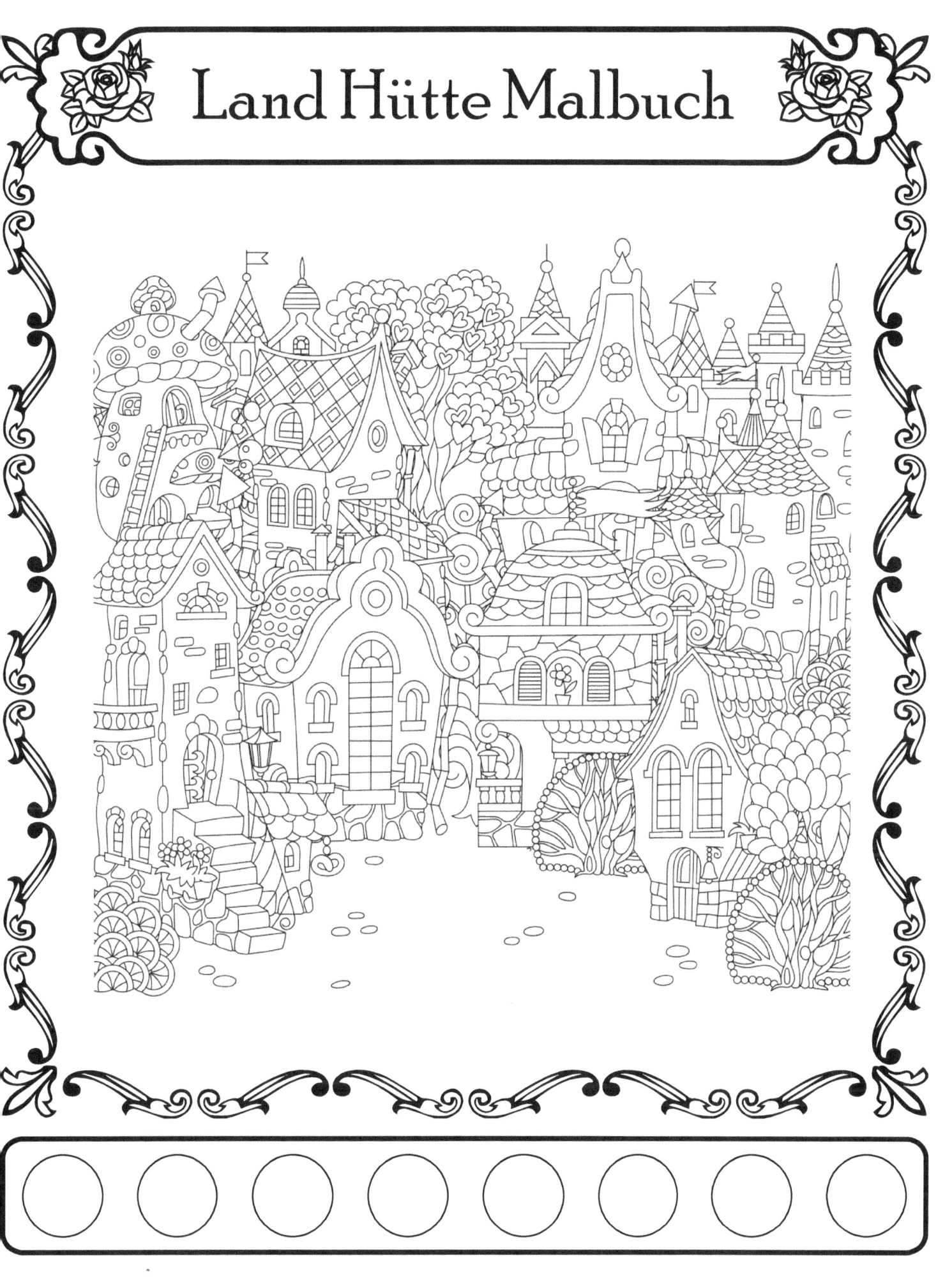

Land Hütte Malbuch

Land Hütte Malbuch

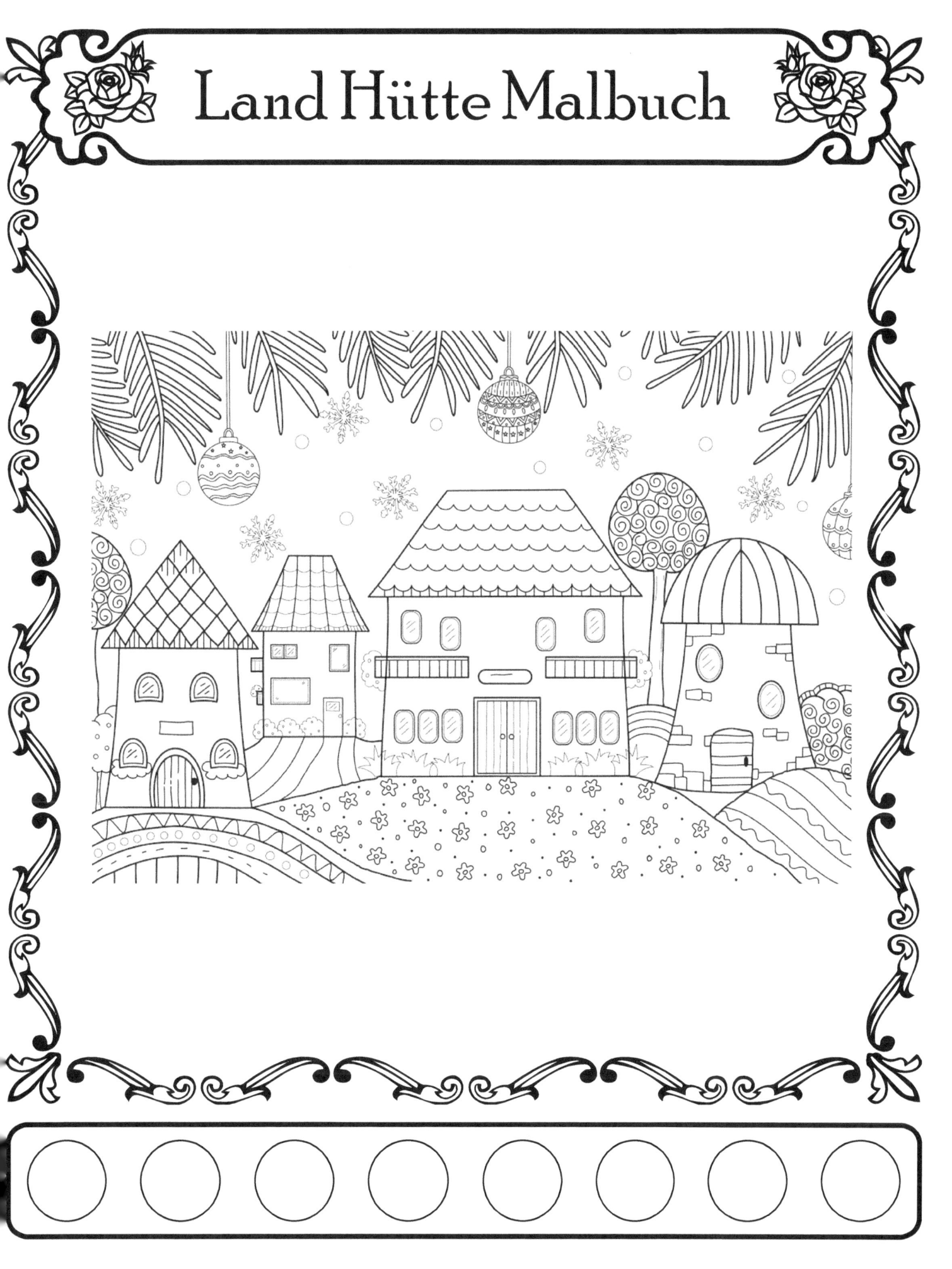

Land Hütte Malbuch

Land Hütte Malbuch

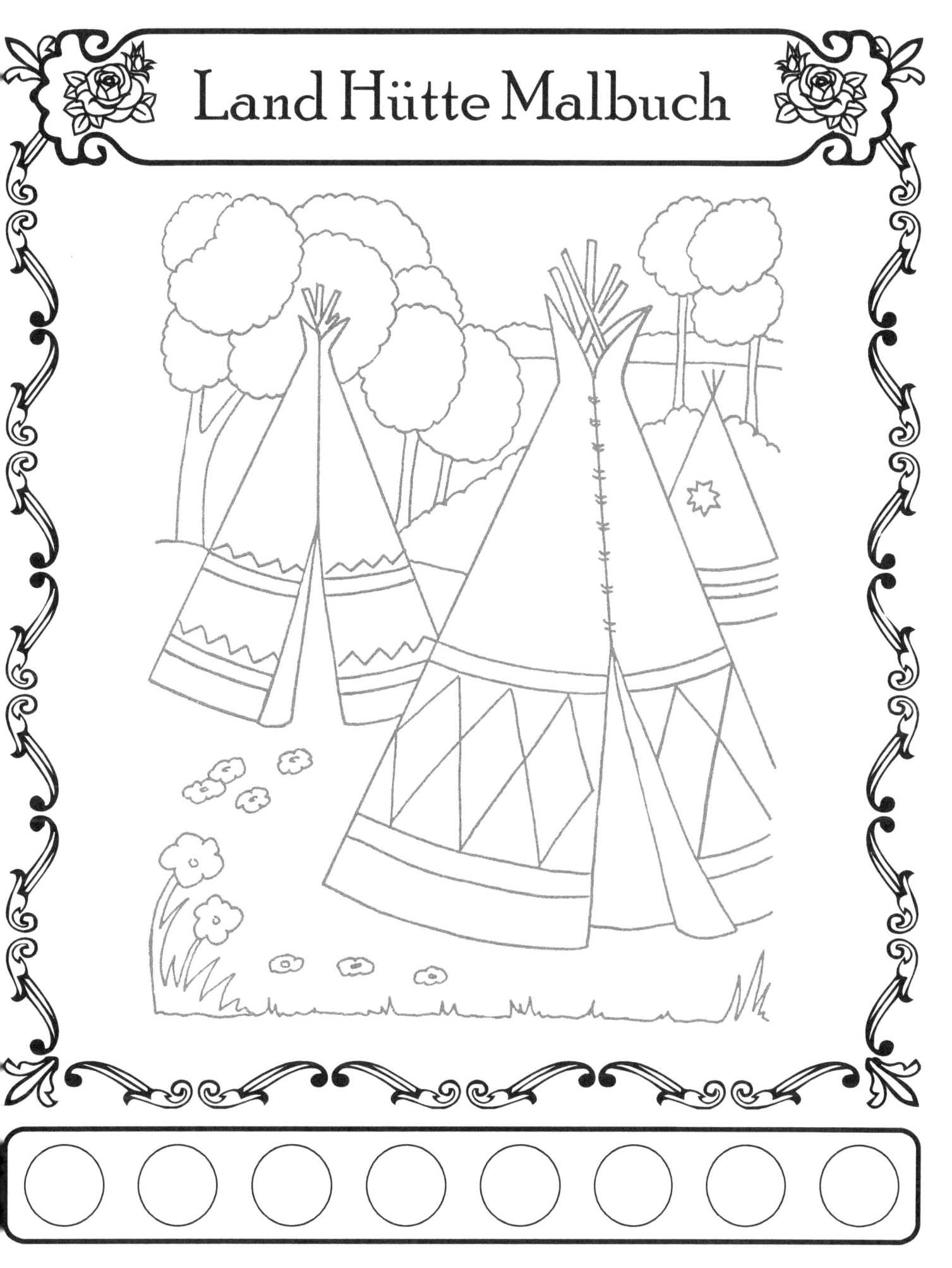

Land Hütte Malbuch

Land Hütte Malbuch

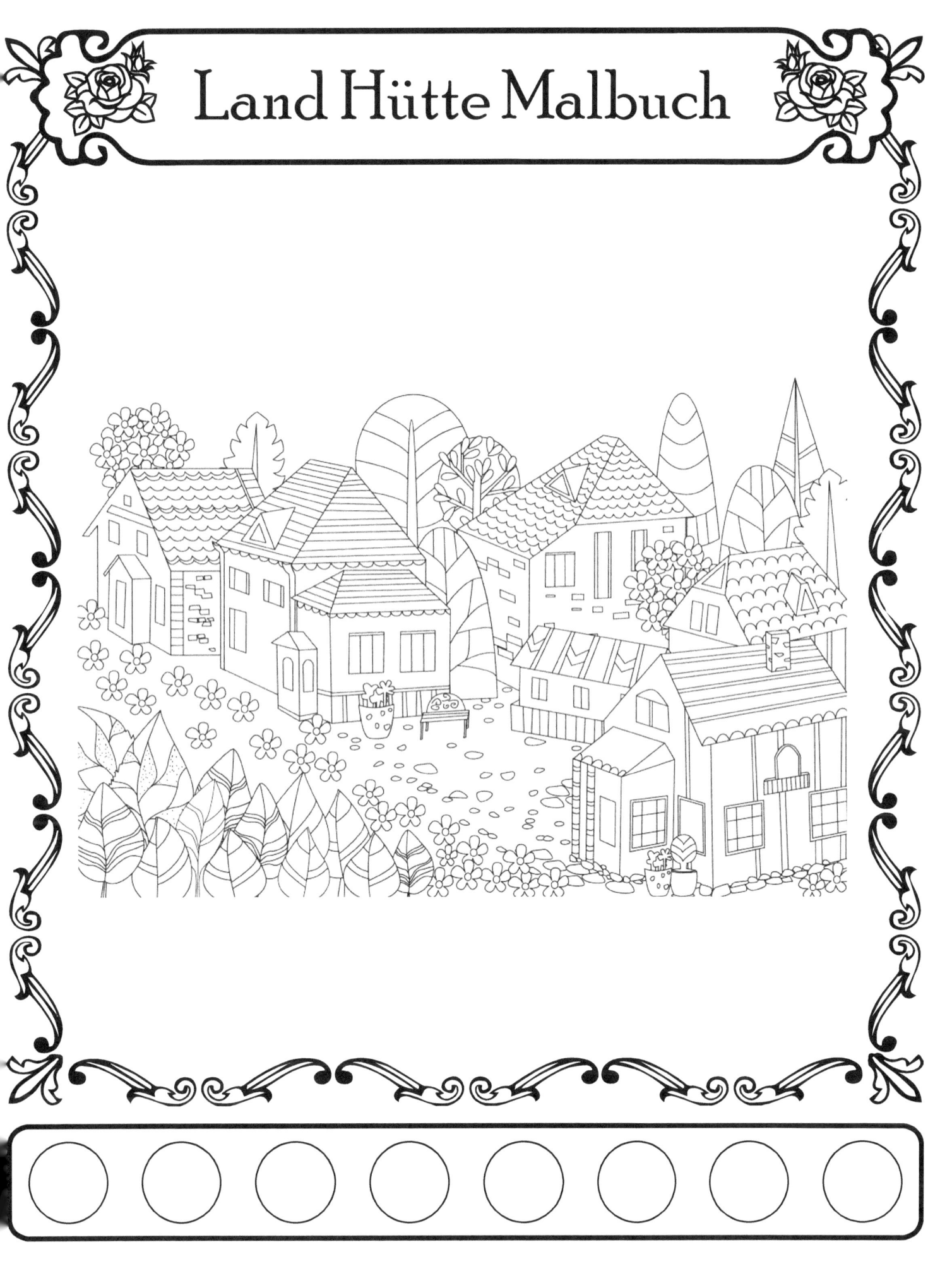

Land Hütte Malbuch

Land Hütte Malbuch

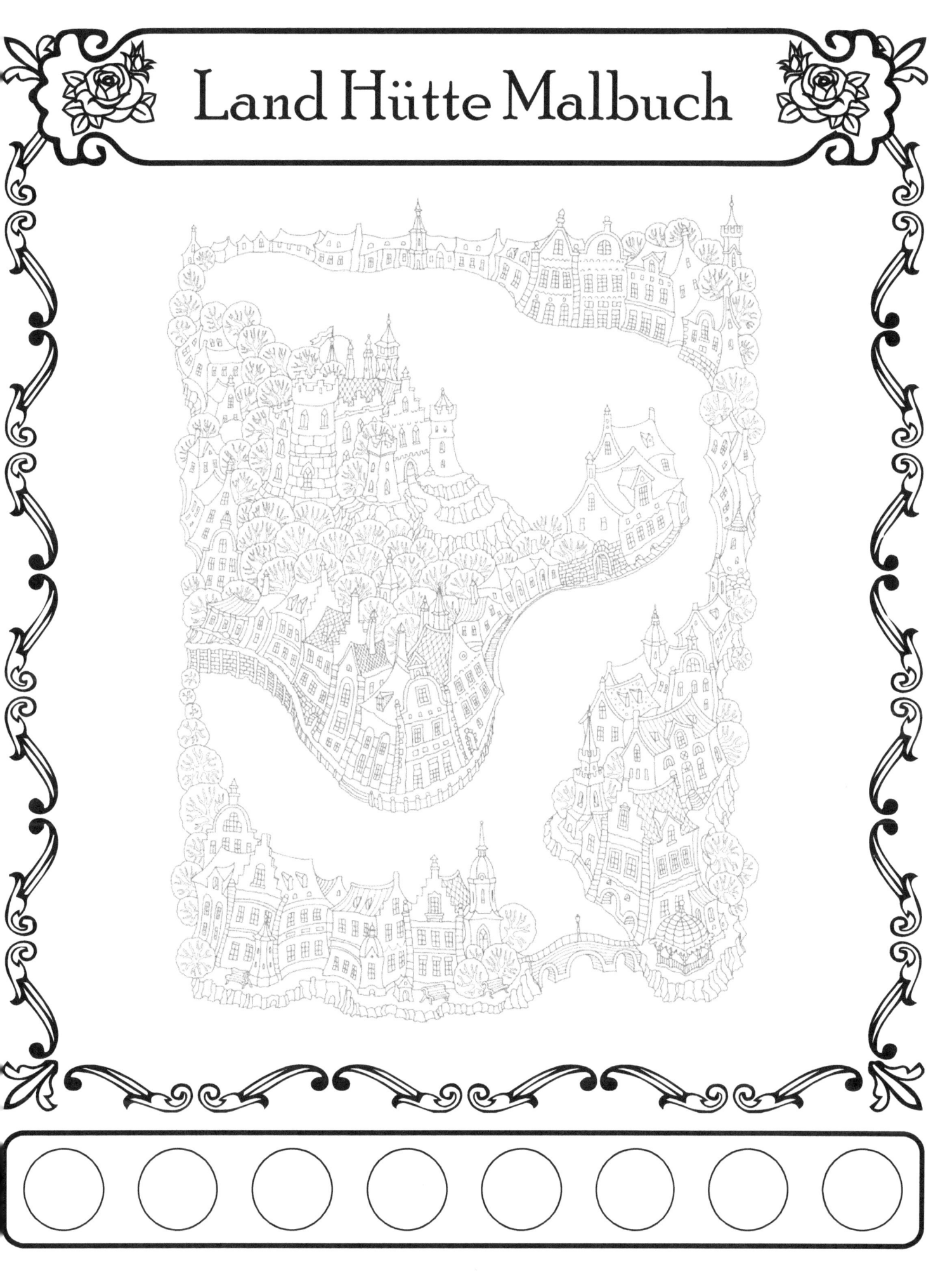

Land Hütte Malbuch

Land Hütte Malbuch

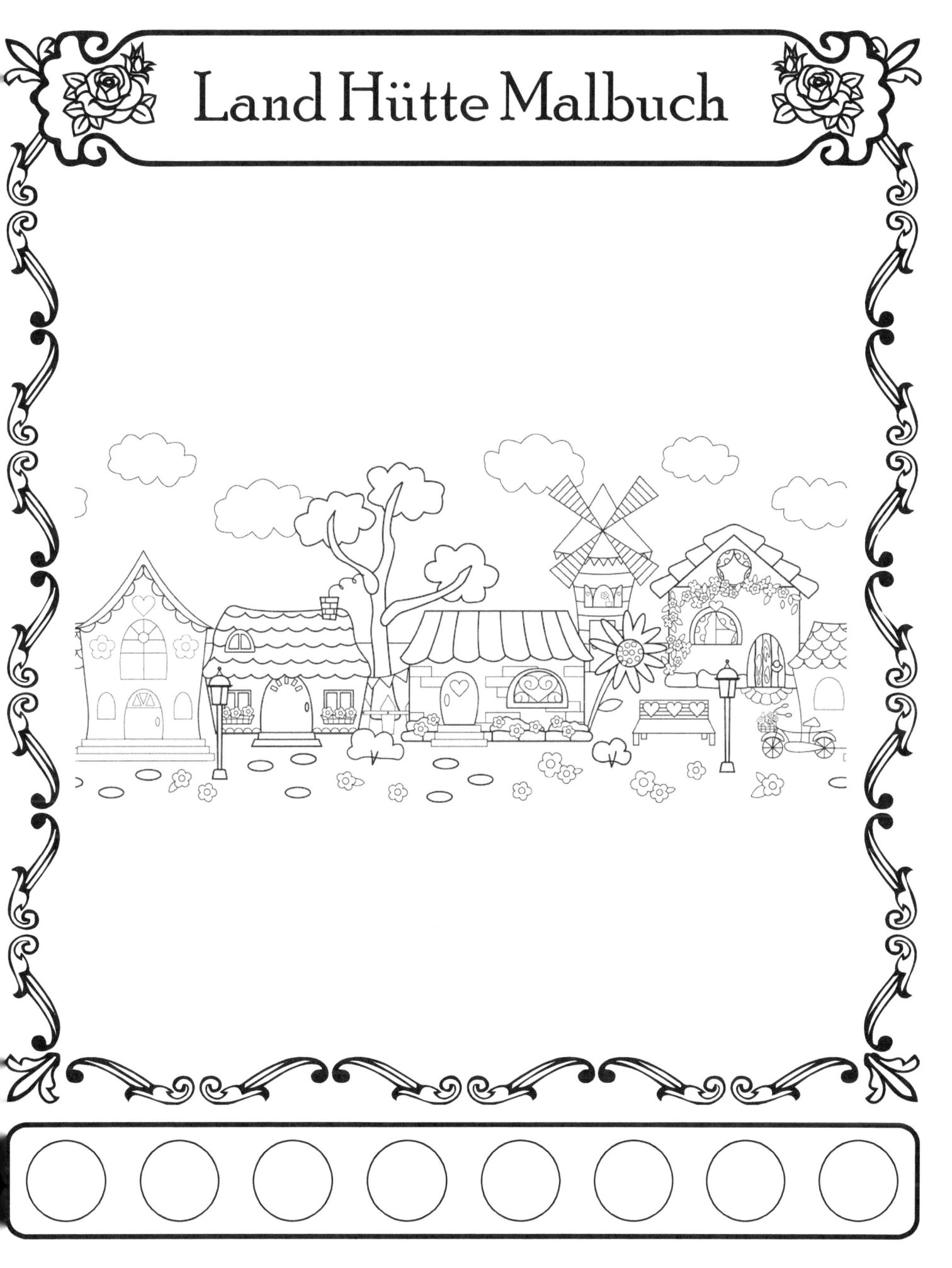

Land Hütte Malbuch

Land Hütte Malbuch

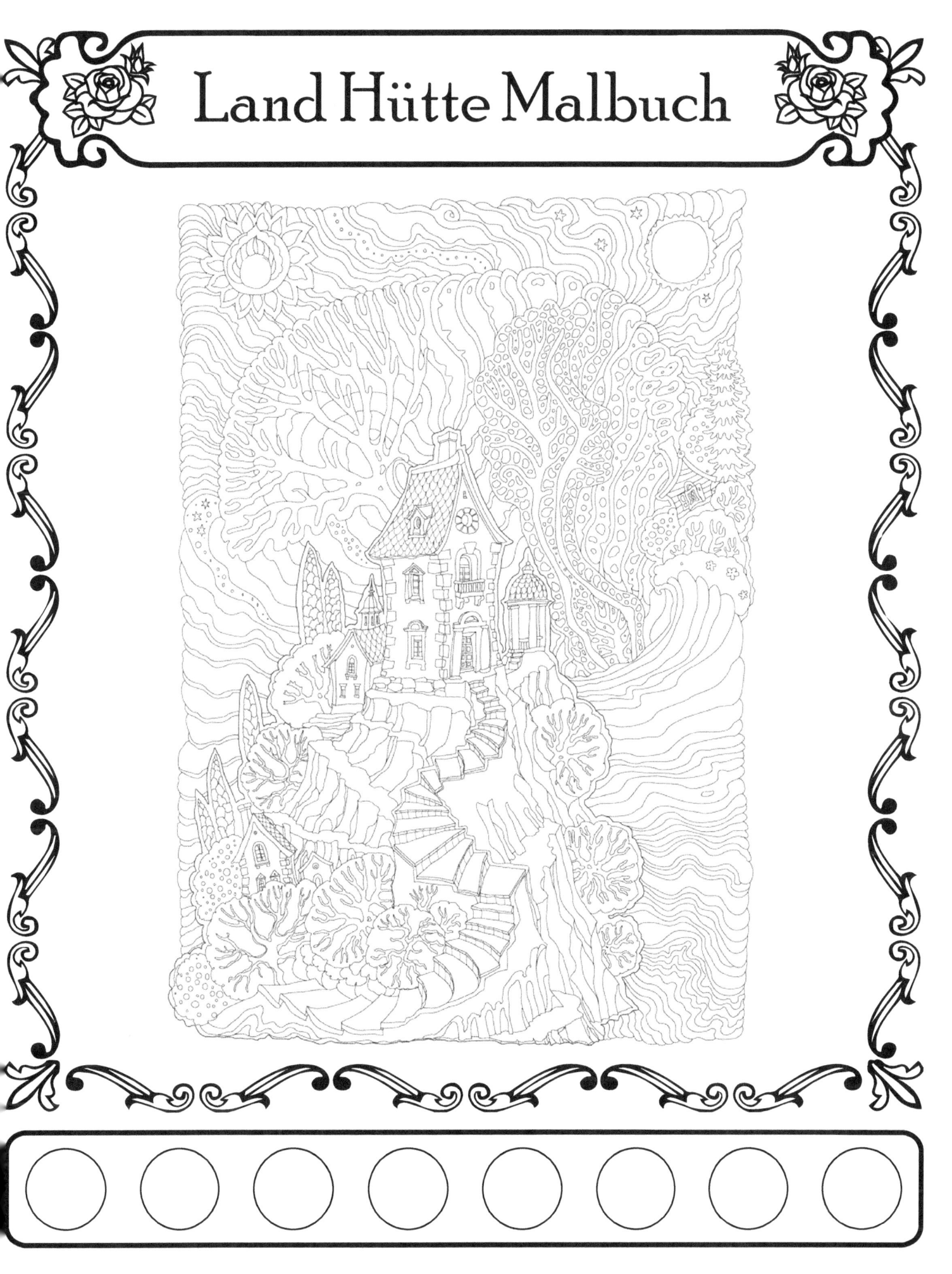

Land Hütte Malbuch

Land Hütte Malbuch

Land Hütte Malbuch

Land Hütte Malbuch

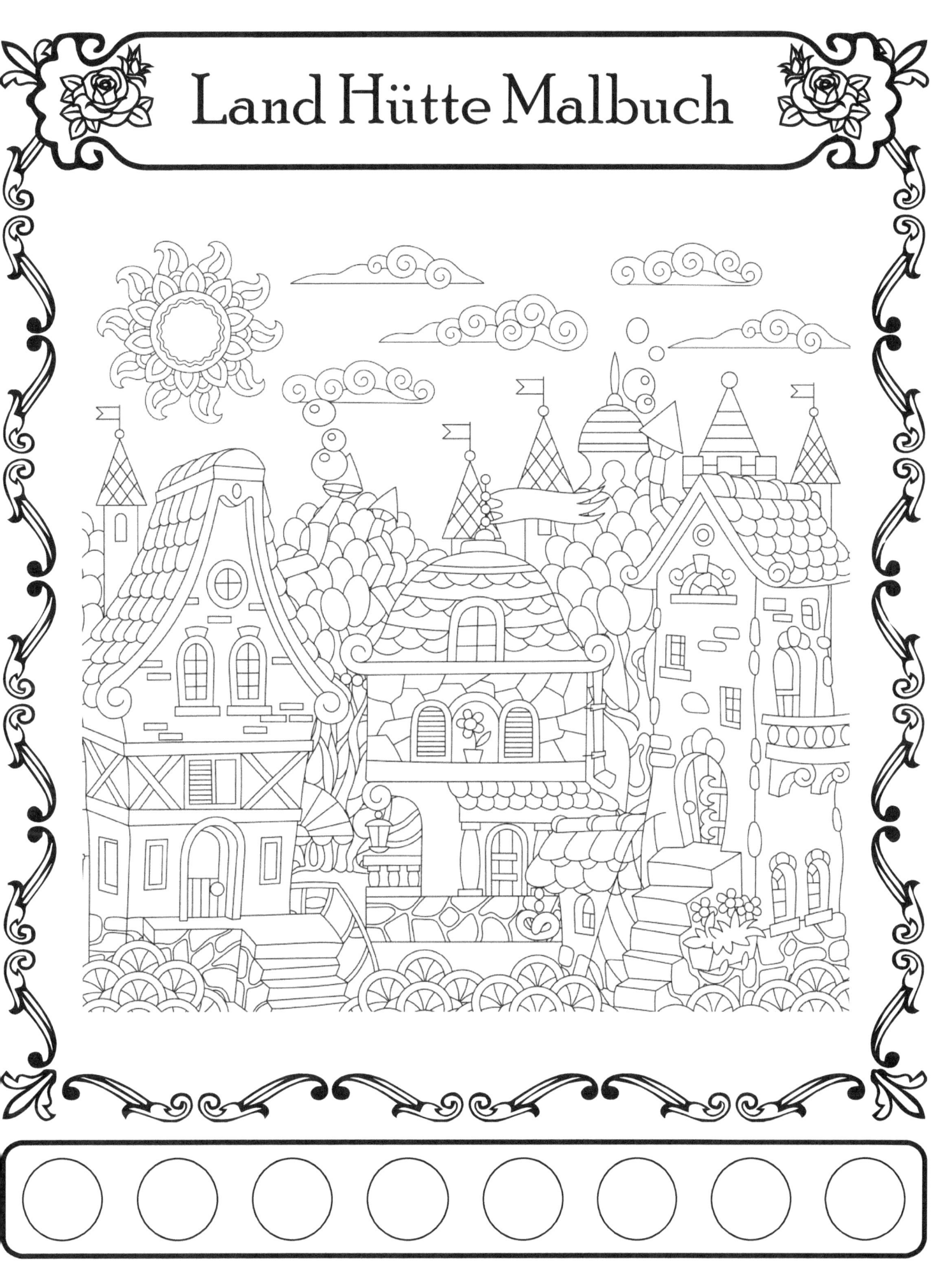

Land Hütte Malbuch

Land Hütte Malbuch

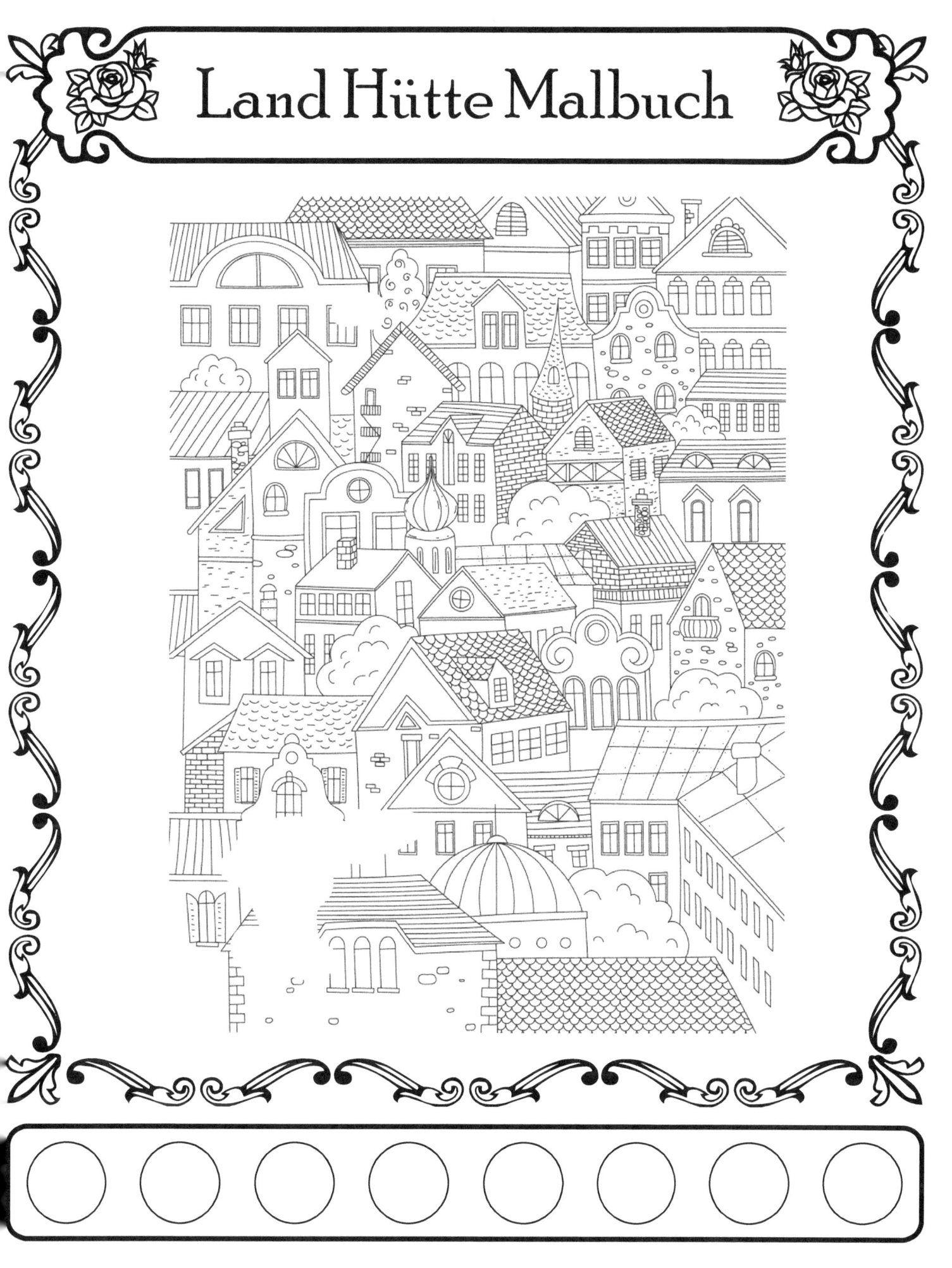

Land Hütte Malbuch

Land Hütte Malbuch

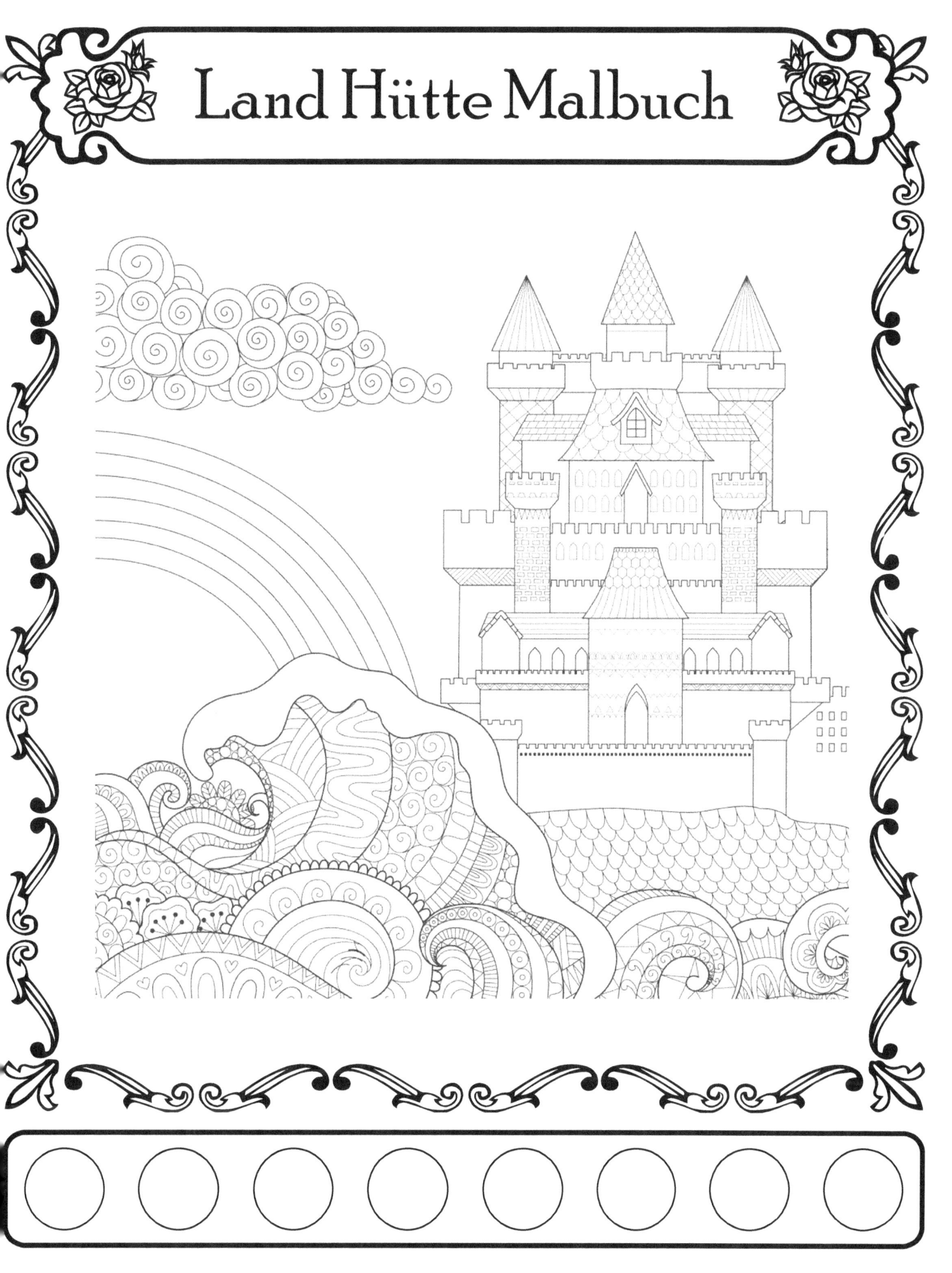

Land Hütte Malbuch

Land Hütte Malbuch

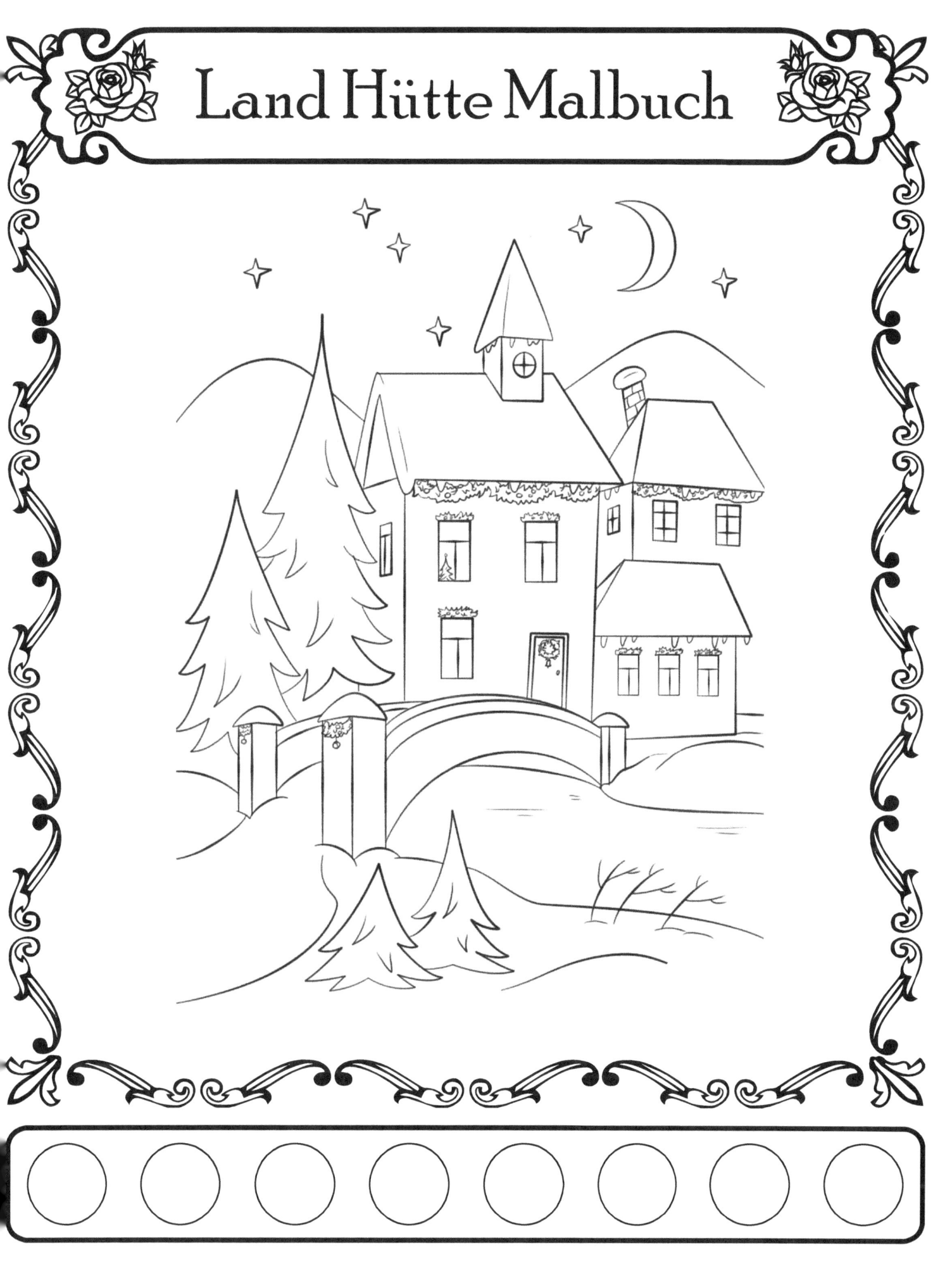

Land Hütte Malbuch

Land Hütte Malbuch

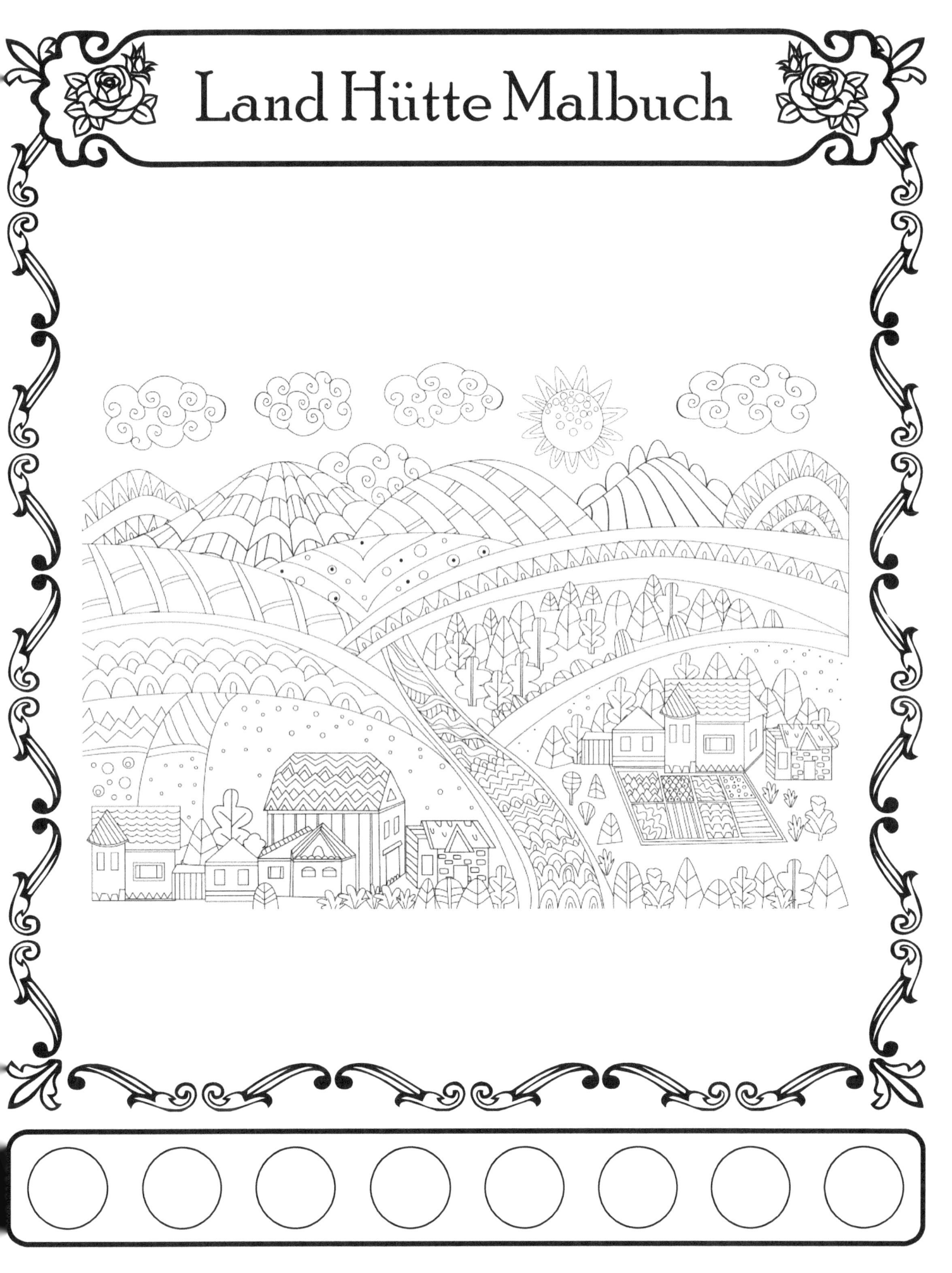

Land Hütte Malbuch

Land Hütte Malbuch

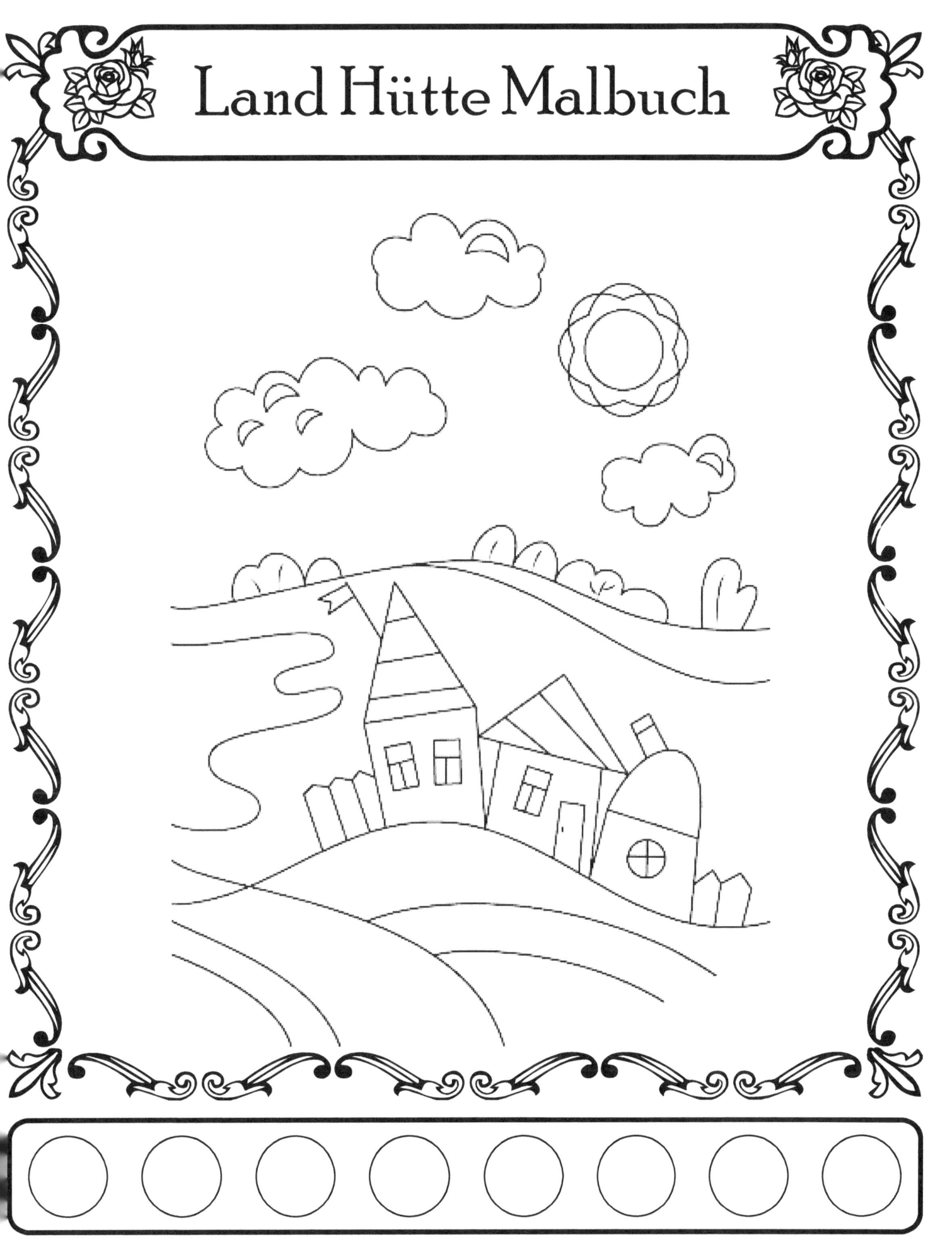

Land Hütte Malbuch

Land Hütte Malbuch

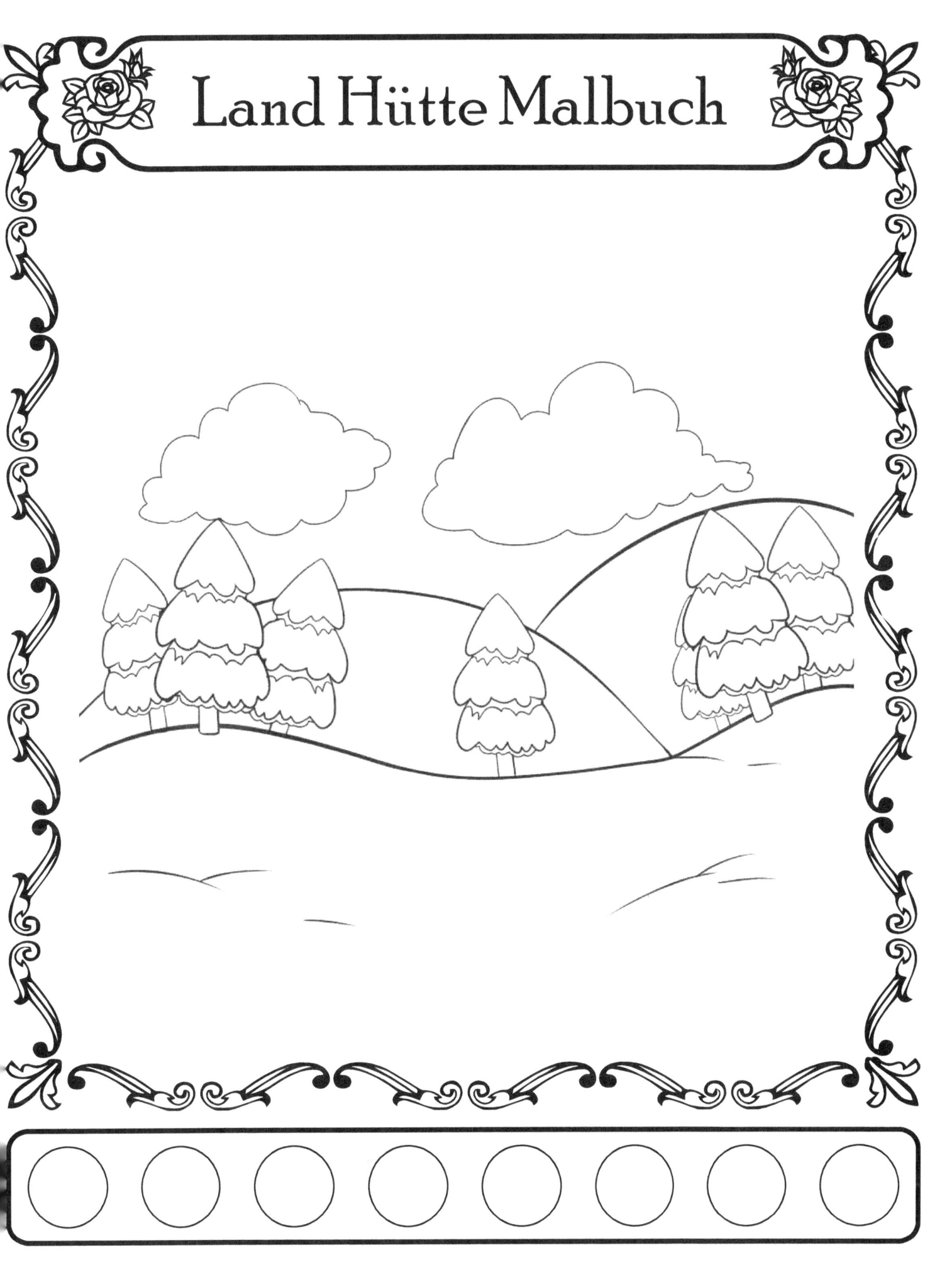

Land Hütte Malbuch

Land Hütte Malbuch

Land Hütte Malbuch

Land Hütte Malbuch

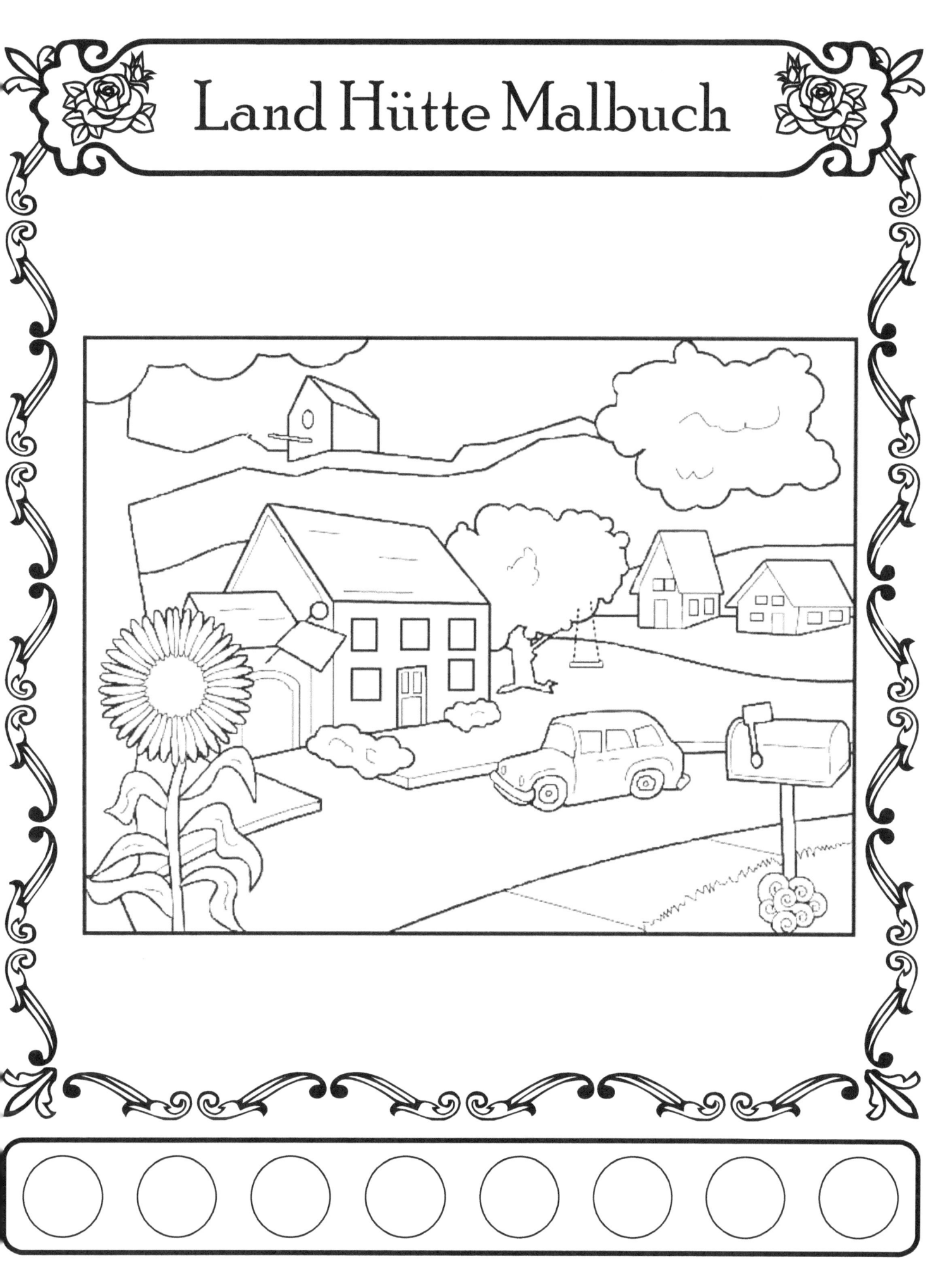

Land Hütte Malbuch

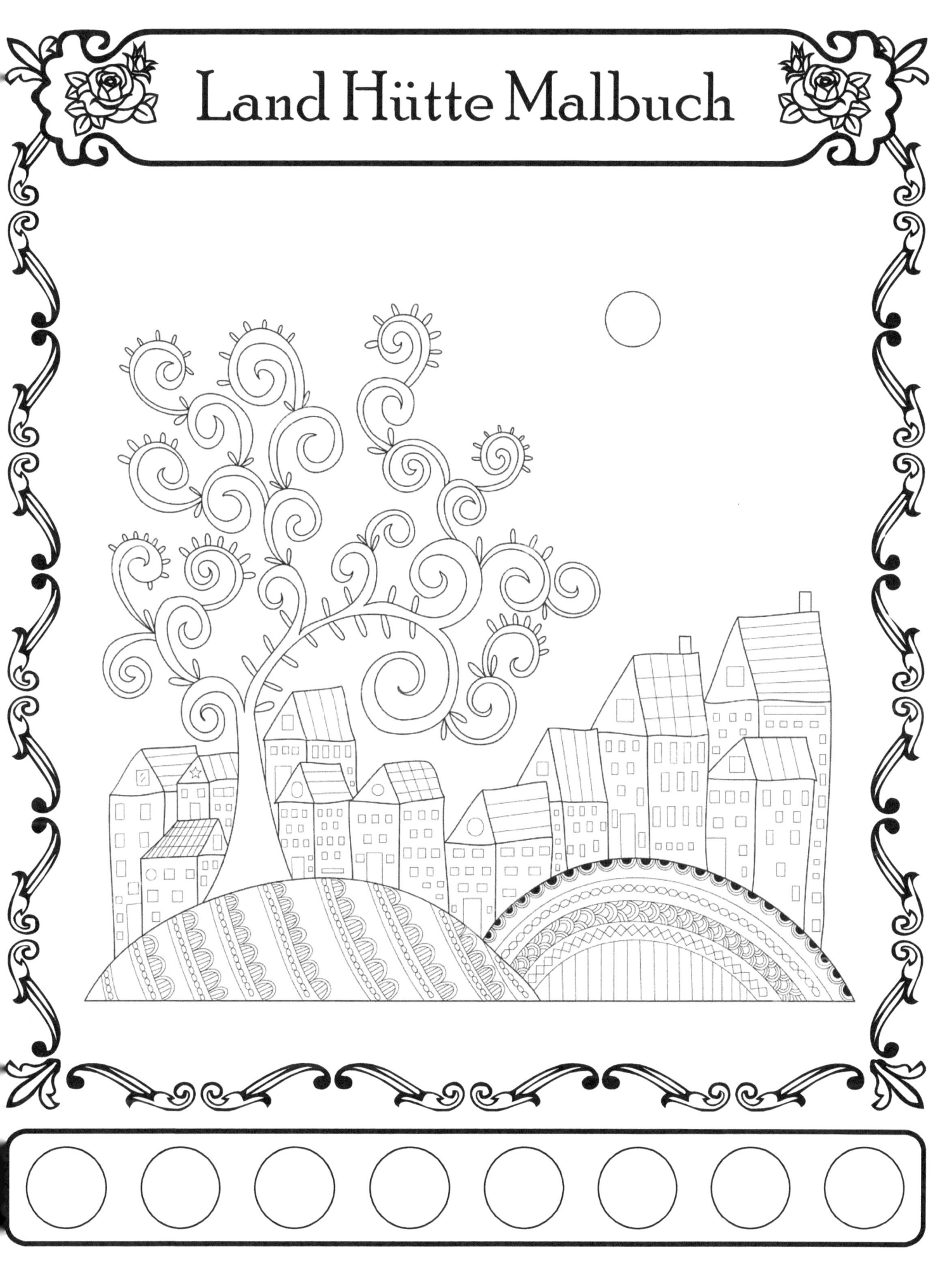

Land Hütte Malbuch

Land Hütte Malbuch

Land Hütte Malbuch

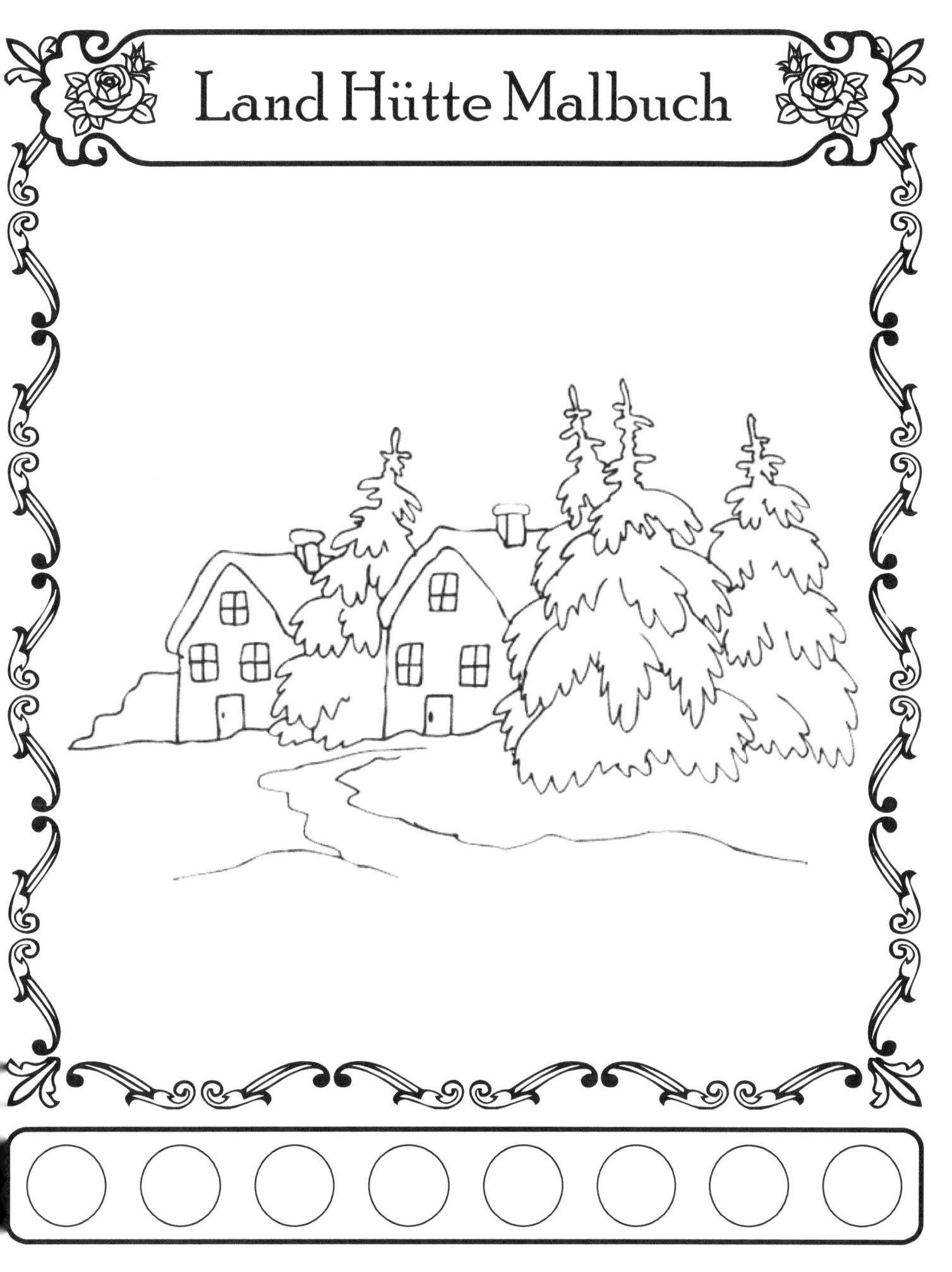

Land Hütte Malbuch

Land Hütte Malbuch

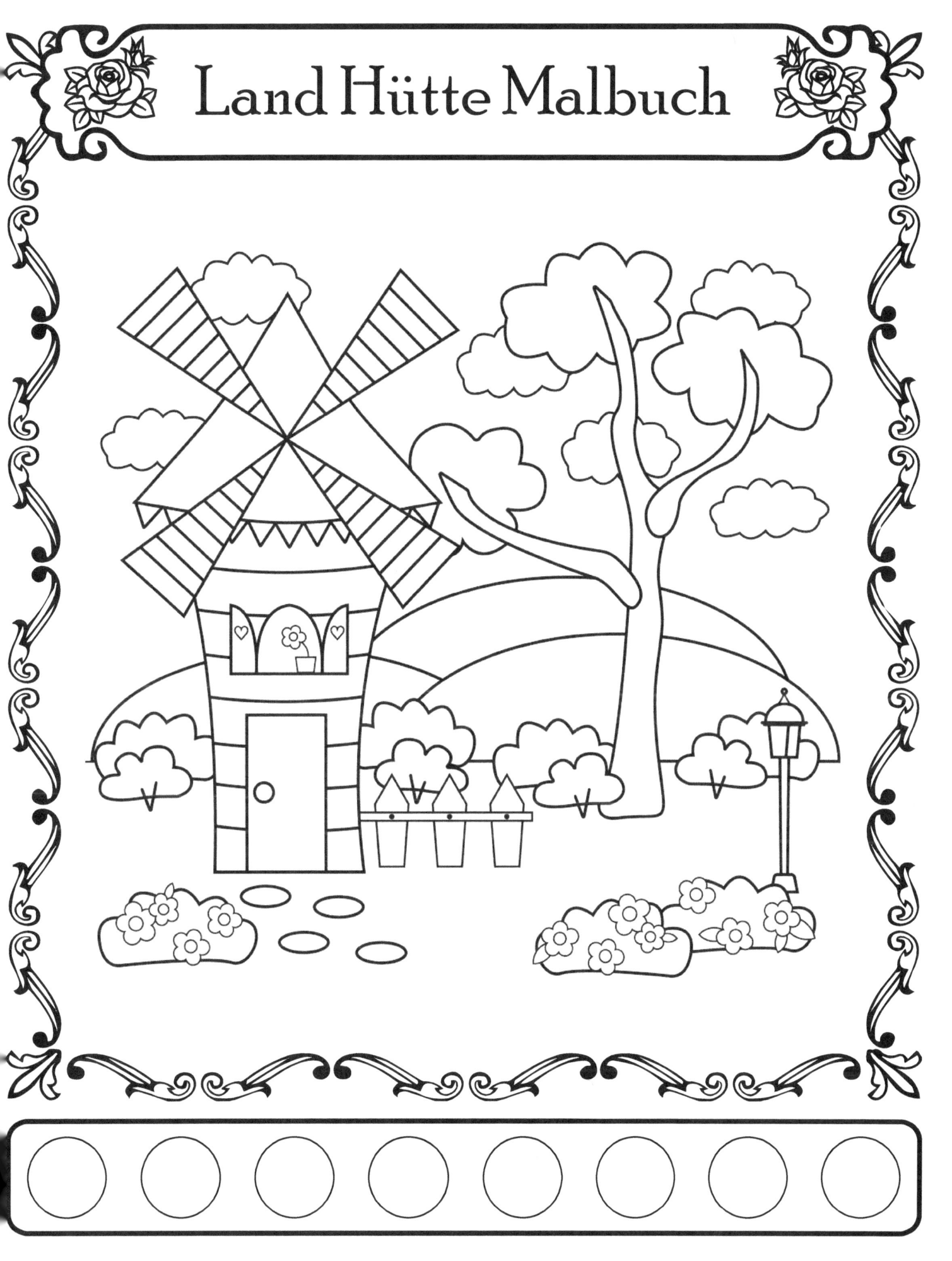

Land Hütte Malbuch

Land Hütte Malbuch

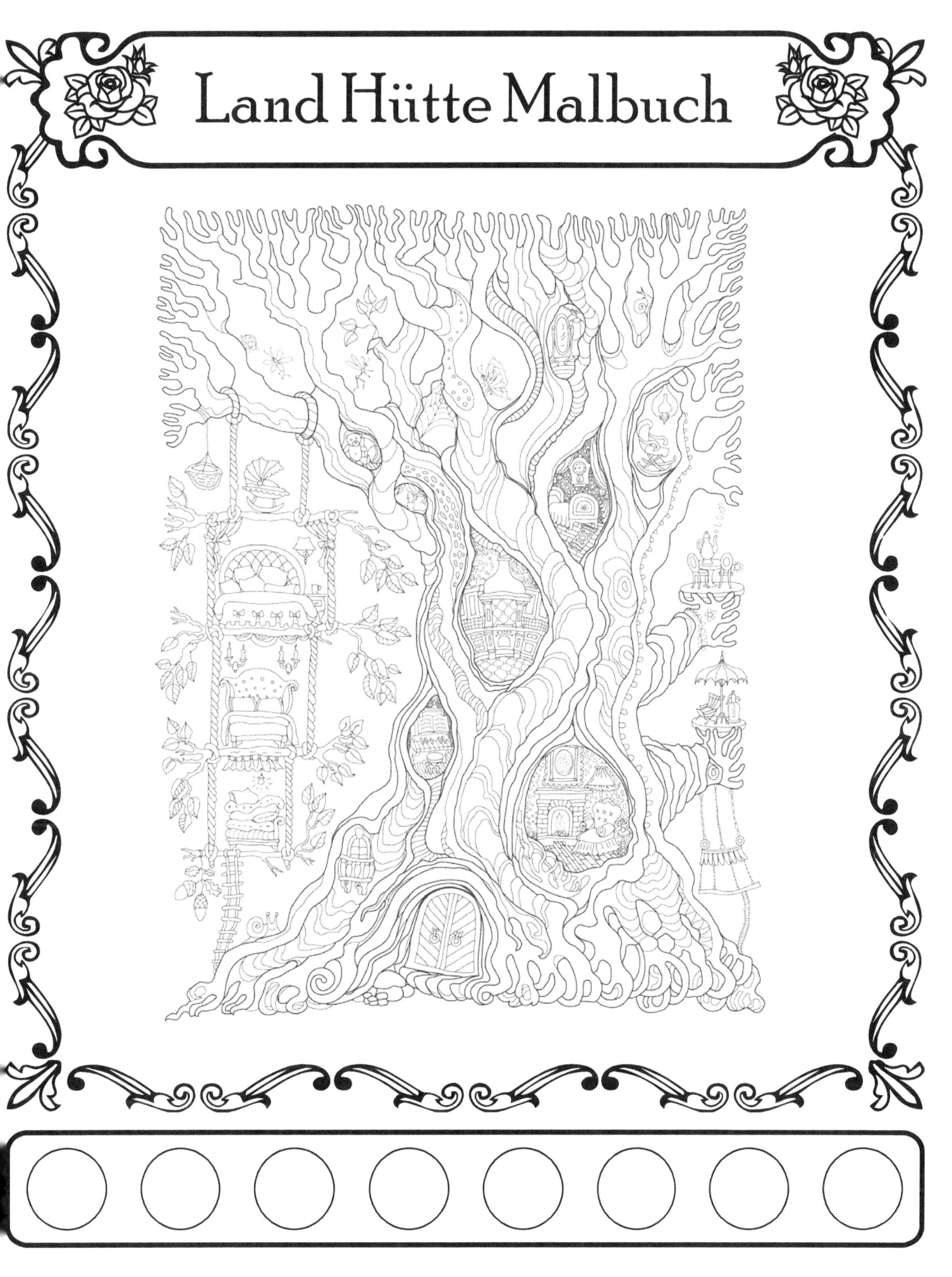

Land Hütte Malbuch

Land Hütte Malbuch

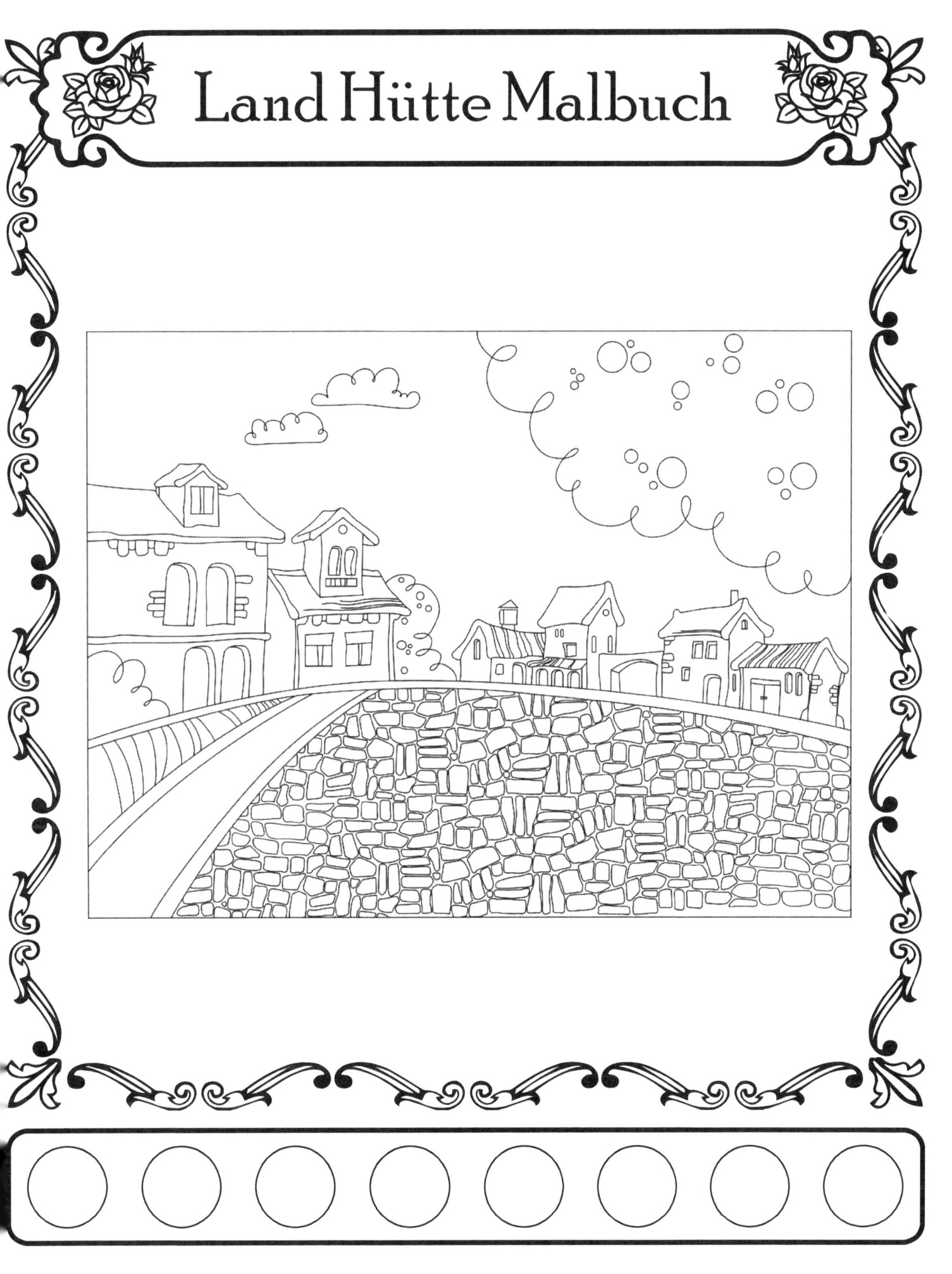

Land Hütte Malbuch

Land Hütte Malbuch

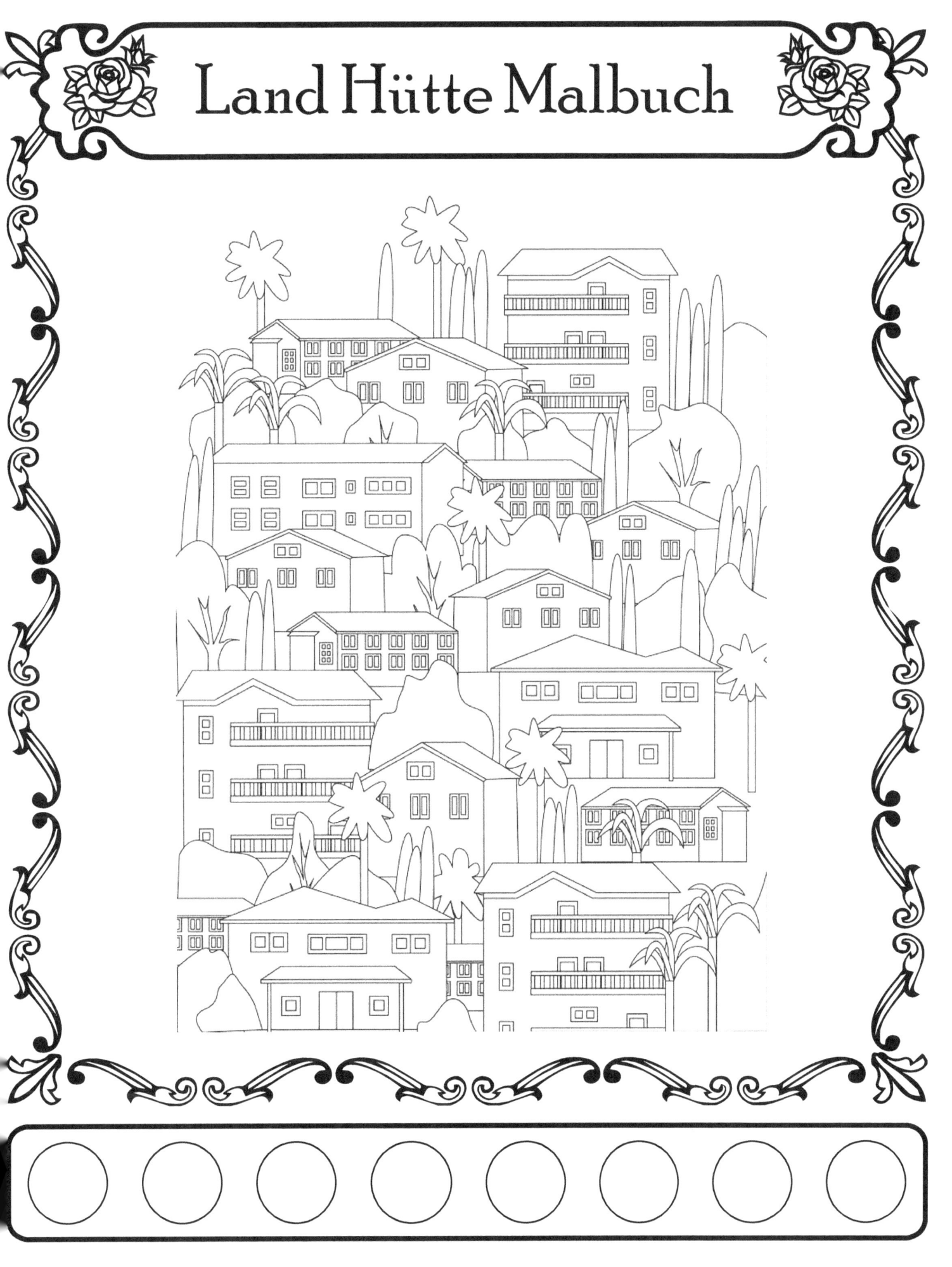

Land Hütte Malbuch

Land Hütte Malbuch

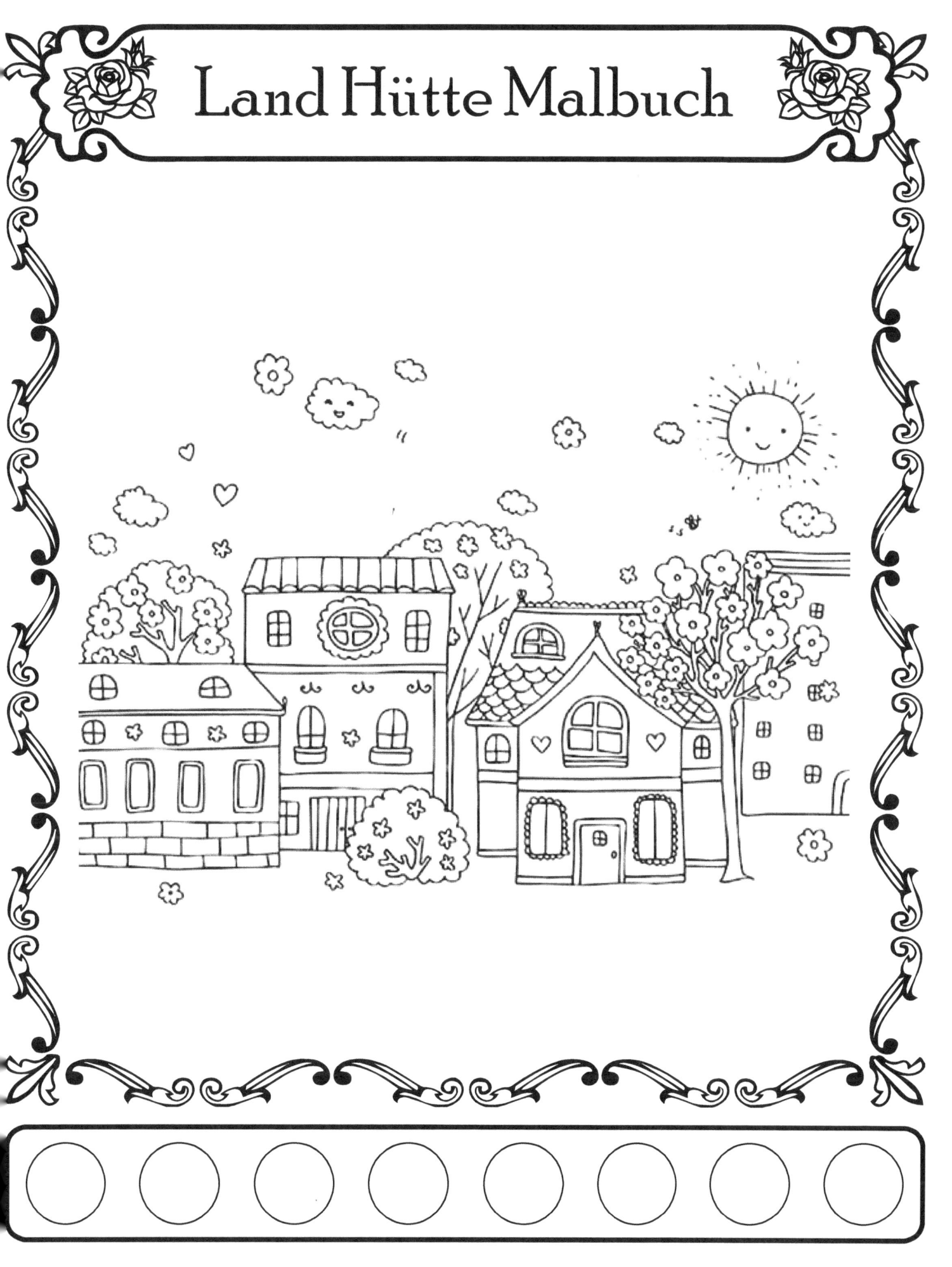

Land Hütte Malbuch

Land Hütte Malbuch

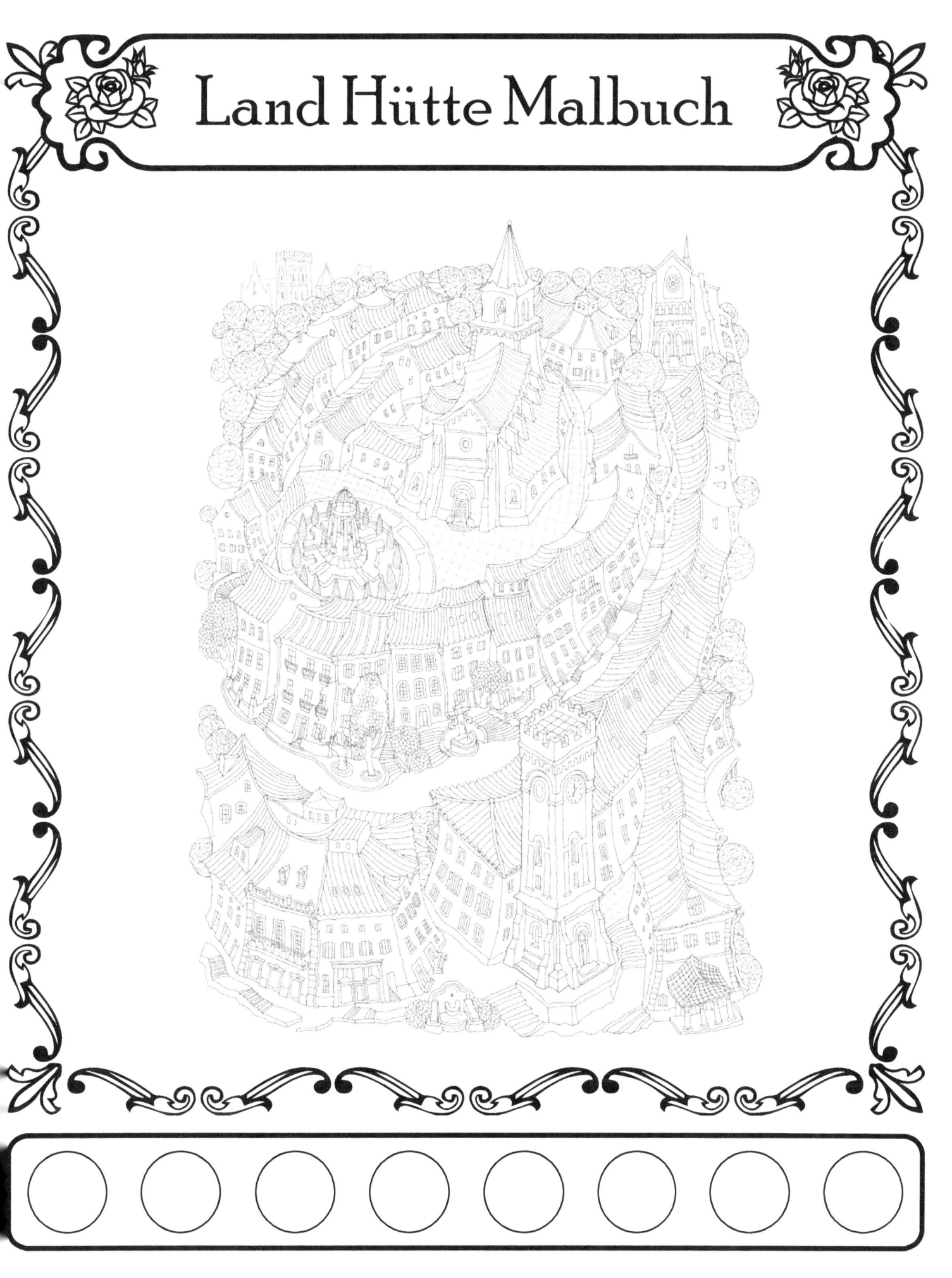

Land Hütte Malbuch

Land Hütte Malbuch

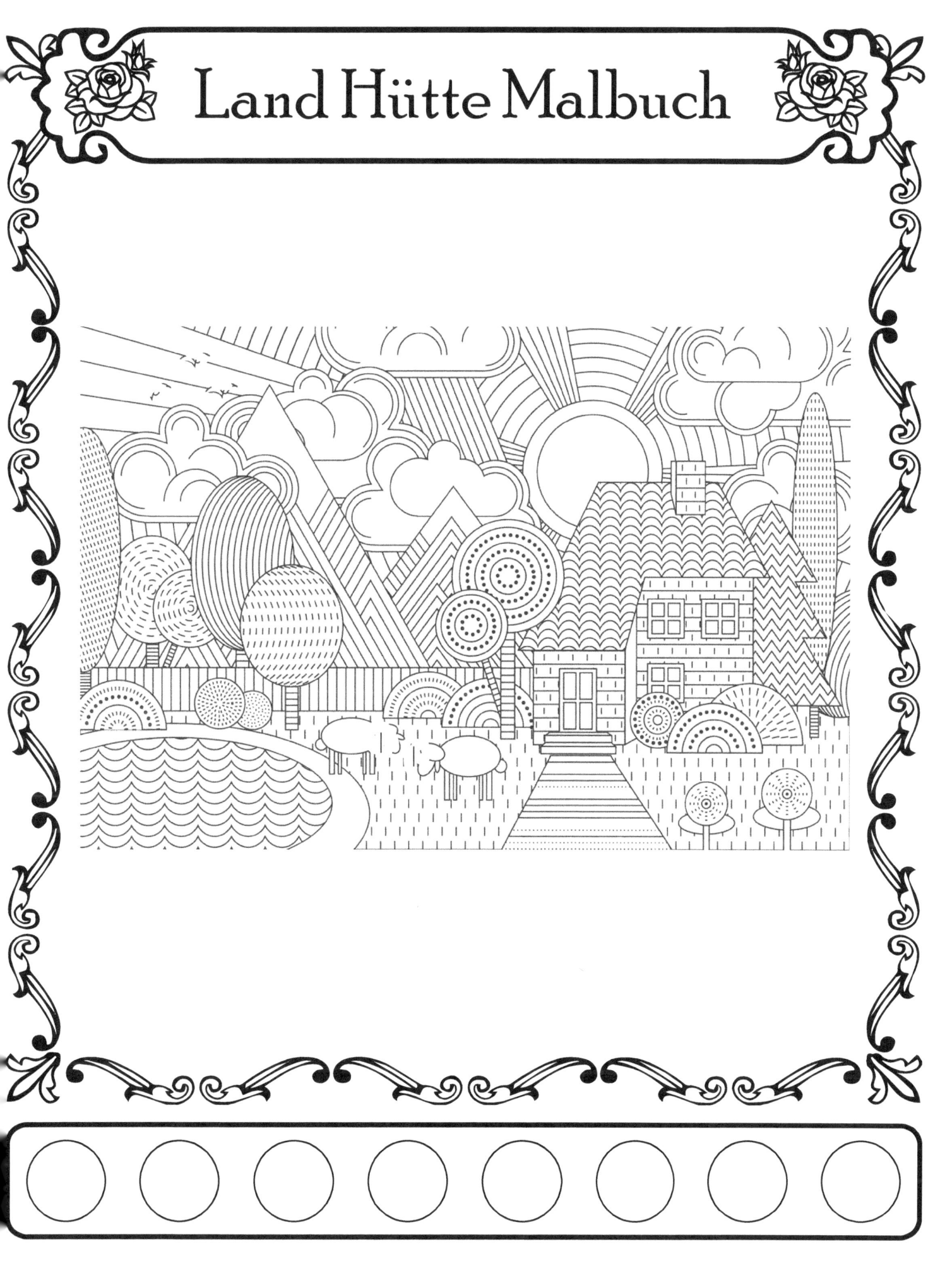

Land Hütte Malbuch

Land Hütte Malbuch

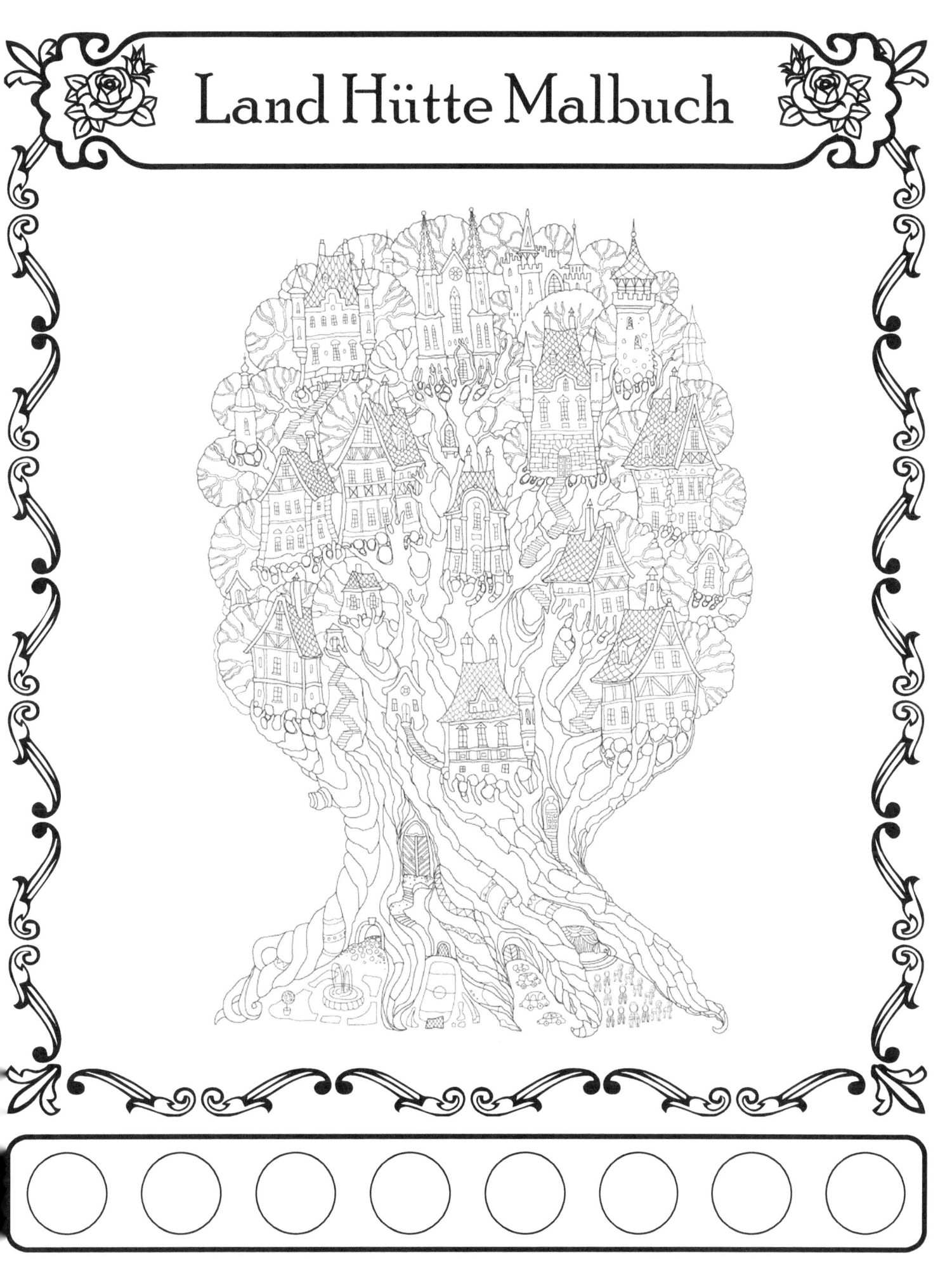

Land Hütte Malbuch

Land Hütte Malbuch

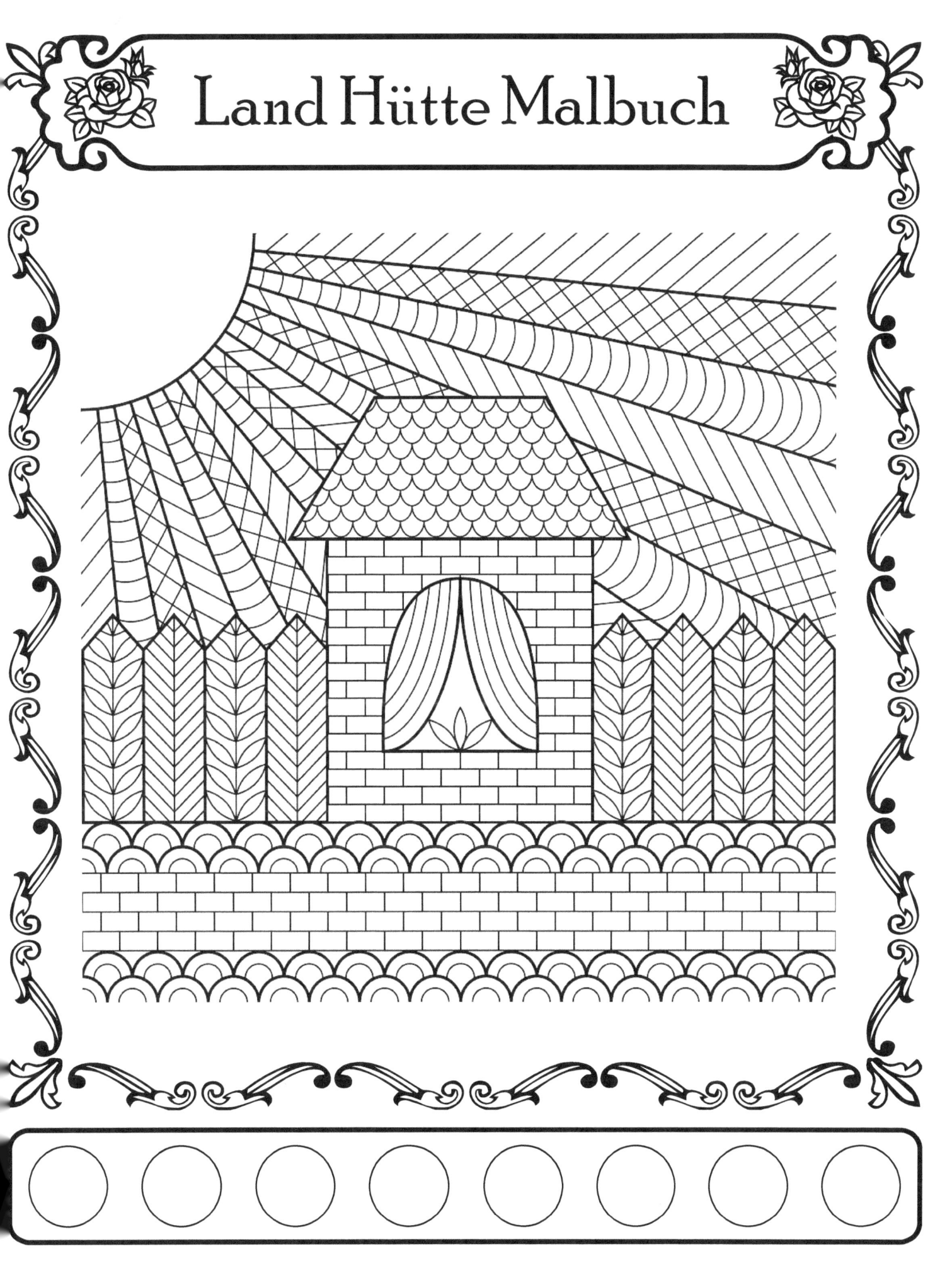

Land Hütte Malbuch

Land Hütte Malbuch

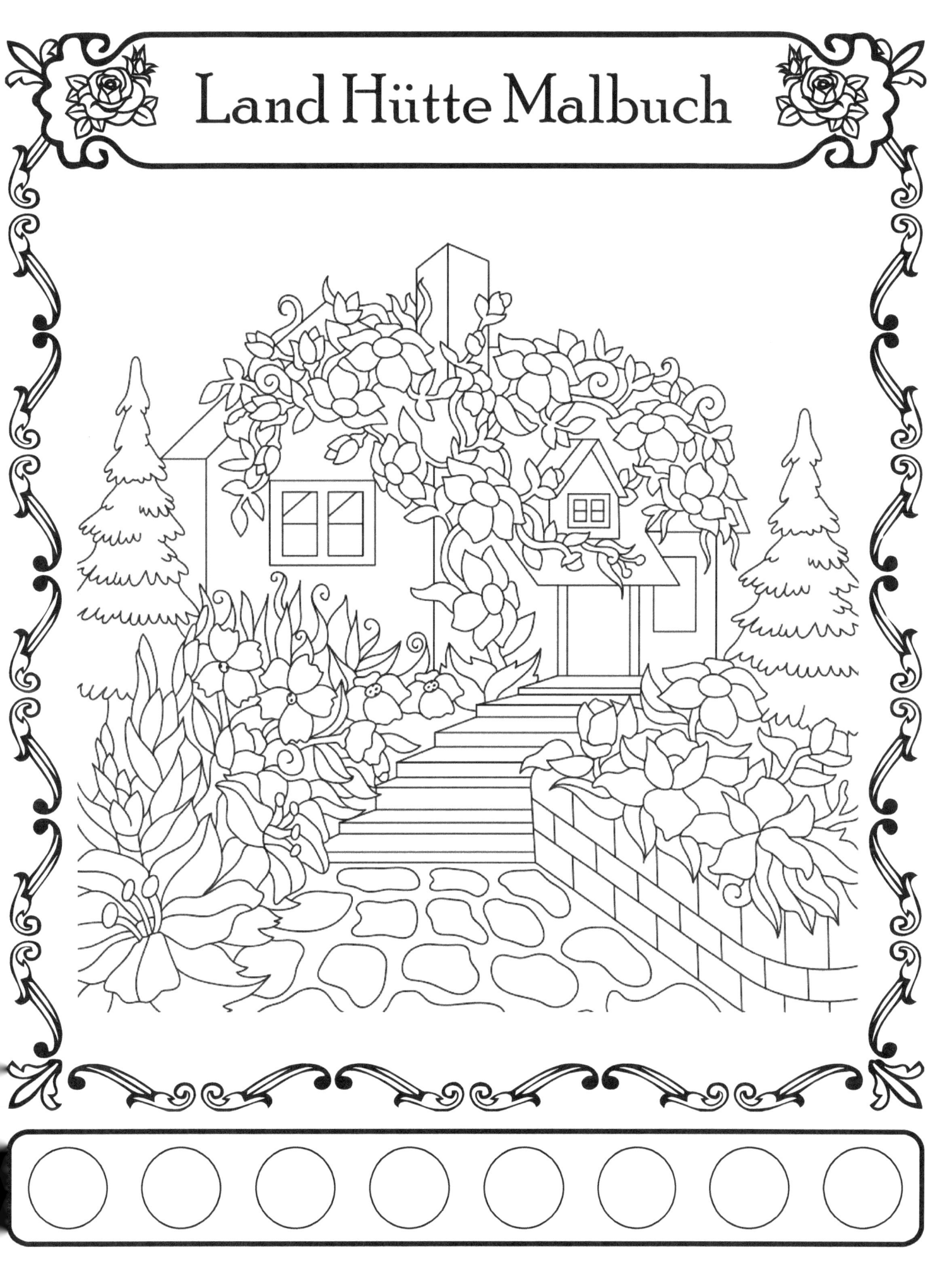

Land Hütte Malbuch